Francesco Maglione

ANARQUIA CRISTÃ

XERIOS

Introdução

Versos esparsos sobre temas existenciais… Não existe obra de arte se não existirem conteúdos. Os argumentos geram automaticamente as formas de expressão.

A vida cotidiana nos põe costantemente diante dos grandes dilemas da existência: de onde viemos, quem somos, qual é a razão da nossa presença que, enquanto flue, vem bombardeada com conhecimento e despedaçada por fardos.

Com a "Páscoa" procura-se recordar a condição humana inserida nos esquemas cristãos que, num caminho vital encarnato pela luta entre o bem e o mal, evidencia a esperança final: o homem-Senhor.

Numa "cidade" un conjunto de retrospectivas não recompensantes portam de qualquer maneira a "hinos triunfais à vida".

A ausência do governo como
resumindo os gregos com a
palavra anarquia é o status
social última concebida pelo
homem;ao longo de milhares de
anos tem tomado diferentes
projeções.
Esta coleção é incentivada
"a fazer o seu dever."
Se todos fizessem o seu dever
para o bem comum sem coação de
direito, **automaticamente**, a
anarquia e se supportassimo
nossas ações com o amor que
seria jogado na anarquia como
uma evolução superior cristã.
Sempre foi convidado para
exercer as suas funções com
honestidade e honra, **por
referências** a artigos do
evangelho finas de modernas leis
democráticas como. artigo. 54 da
Constituição italiana.
Para aqueles que pensam que os
poemas devem falar único raio de
sol,de branco mãos ou qualquer
efêmero,

abrir sem controvérsia
Rapisardiana ou recuperação da
memória tolstoiano que as
tarefas de arte, **há também** para
resumir o momento histórico em
que vivemos, gerar idéias e
soluções, **se possível**

O casal

Um homem
Uma mulher
se amam
eterna união
o absoluto
o real
por sua vez
recita
a confirmação
contínua
constante
da sua negação
medos angustiantes
bloqueiam

o eterno
corpóreo
não existe
Crescimento infinito
espiritual
de relacionamento
inferido diariamente
por punhaladas
profundas
sangrantes
e
curadas
onde
é forte amor

Instantes

momento solidário
de caridade envolvente
um ato de estima
me olha e se dissolve
gotas
de felicidade

Emanações entre as pessoas

bocas
vomitam palavras
de seus corações
vibrações
impulsos
angustiantes

Páscoa

cruzes destróem
não existe lenimento
dos principados
não tregua
mas rios de sangue
supportação
calma
humilde
comemora
o extremo sacrifìcio
depois
livres
energia pura

matéria
tempo
espaço
domínio
mesma essência da criação
com alegria em mãos
os destinos do universo
Senhor
Quando o homem
O irmão não flagelar
Com as suas correntes
e vida
na lembrança da raça
com solidariedade

Lembranças

Escuro
chuva
proximos
mutações imprevistas
um pouco de calor
cores diáfanas
gelo
risinho inefável
vazio em mim
tentei voar
até o meu universo
mas ao despertar
as estrelas
molhadas
estavam somente no sonho

Correntes

Quando a angústia da raiva
reprimida
aperta a garganta
com os olhos na miséria
até um homen pode chorar
e virá um dia em que
não mais lágrimas
serão vistas nos rostos
alienados
retos
com o olhar entregue
ao nada
mas explosões de raiva e fúria
gritaram justiça

as arrogâncias
despedaçadas
luz ao equilíbrio cósmico
e alegria e alegria
cata-ventos pela criação

Aos amigos artistas

Na linha
Melodias em chamas
Música
agora pó
queimada
do desejo
ao vento
as negras efêmeras
remetem
os teus impulsos explosivos
ao belo
o canto
louvor universal
jorrará

Além
Um amor além do tempo e
do espaço

interdimensionais
rápidos
eros doa
estático
tempo e espaço
aos amantes

Santuário

espirituais fragrâncias
delicadas
com compostura
majestosas
perfumam o santuário

Sangue

e homens
em guerra
e sangue
pobres
eviscerados no gueto
da arrogância
na corrida
até o
nada
a morte
homem tecnológico
con paixões arcaicas
quantos dilaceramentos vermelhos
em seu caminho

Conhecimento

filhote
de homem que cresces
modelado
no fogo ancestral
interfacetado
ao bem e ao mal
fugaz
o universo atravessas
até o teu destino
pela dor
o conhecimento

'900

entram em jogo as massas
com a mídia
as arrogâncias
amplificam o engano
autoritário
democrático
refinado
novos poderosos
coloridos
vomitados pela besta
especiosos ideais
para guerras entre principados
disputam o domínio
das multidões
para sugar humanidade

atômica
de conhecimento
sobre o homem
em fila nos cortejos
a gente
contra as prevaricacões
nas praças do mundo
pede
amor

Cidade

Pátinas de imundícia
respira
entre os escrementos da manhã
vagabundos
urubus
empoleirados nos bairros
esperando a refeição
estandartes domenicais
saciam
a besta
punhados
vendem sexo
em troca de almas

Rostos de pessoas na corrida
tudo
mercadoria de câmbio
o trabalho
gente
junta
explode à vida
hinos triunfais

Neblina

leve
fluida
envolvente
flutua
pastelando
harmonias delicadas
acareciam
acalmam
encantam

Um menino

resposta aos por quês da vida
um menino
chora
punhaladas ao dover
ri
poderoso gerador de amor
hino à gloria
cola da familia

Pão

Perfume de bom
vontade
de viver
grãos
amarelo saraceno
concertam
ao vento
ornados de vermelho
sustento de povos
alimento global
puro
corpo de Cristo
protejam
o pão
da mão do crime

Calvário

a alma
implodida
decantada
se projeta
radiosa
além
do calvário

Jornata cinzenta

Jornada cinzenta
fria
vazia
impulsos podados
folha ao vento pela multidão
sem interesses
somente
na argila implodente
dos grandes olhos
na janela
a porta
batida pelo vento
ranger de vidros
arrepios
que vontade
de te ter comigo

Fora do esquema

Como uma cobaia
prisioneiro
numa cúpula de cristal
me observam
as larvas
sentem pena
riem
humilham
odiam
não entendem
quem sabe
gozam na essência
o homem está vivo

Pela rua

Uma bandinha está ensaiando
A música está no ar
Uma meninina sonha
a mãe
por um braço
a puxa e a leva embora

Rainhas

macias
calmas
dóceis
as rainhas
com a sua marcha
despedaçam
a trama da terra
equilíbrios
mas os reflexos
chicote do real

Free jazz

Todo o desespero da espécie
humana
envolve
os monstros do real
bombardeados
pelos sons
horrendas máscaras chinesas
disputam o tormento
da alma
uma mão cava dentro do estômago
enrola o intestino
os olhos
sem sonhos
arregalados
um teclado de computador
o rosto

já te vejo
homem do futuro
no desespero da impotência

Falido

lá
um navio chocalhado
por ondas
de esgoto
em tempestade
o motor desligado
o timão em ponto morto
não quer se entregar ao ser
engolido
pelo mar
de esgoto
que assalta
sobre a ponte a força
desesperada
de um falido

Paisagem

olha
parece quase
que a terra
nos queira absorver
estáticos
contemplamos
cores e traços
transformando a matéria
em energia pulsante
que invade em nos
o nada
radiando
harmonias
existenciais

Políticos

faces
estáticas
hilárias
charlatãs
máscaras
lúcida
fatal indecisão
real ou formal
progresso
se chocam
contra o redor
que cobiça
saquejo de gangue

Fogo

carregado
apostas
alvo
fogo

Prometeu o rebelde
refeição Raptor
dá

nutre
calor
luzes
misturas

o início

o membro sacrificado para o
orgulho de um povo

o funeral do Rei

glória
orgulho
encarnada
no saque

dragão amaldiçoado

carne derreteu na pira
espíritos indomáveis
viver
limpar
santos

cruzes em chamas
vergonha da raça

holocausto

povos napalm

tinta
de Deus

no banho
cristão
forjar

Os meninos não falam grito

deixaram
mestres do espaço-tempo

para ruas
gritar para Deus
geração compacto
a alegria de pertencer e
os agradecimentos

agrupar o frenesi de fazer
intimidar a necessidade de ser
sonhos enormes
eventos estratosféricos

pronto para construir uma
sociedade
bom
para limpar

cortados
estrangulados
engolido pela escuridão
mais lágrimas manter

palavras frias

longe

insalubre
relação de ensino e amor

jogado
acorrentado
em um banco
entre mortes conhecimento
objeto
de saques
material e espiritual
prazer de vanglória
sede de poder não expressa
subcultura

impulsos
a alegria
regido
dirigido
para esclarecer e prim

seguintes regras
falso
desumano
anti-cristã

autoritário
respeito
do sistema

rejeição

não mais tijolos para o novo

carne papel de tecido
correios
buriers de cães
um dedo no gatilho
mestres de graxa
quebrado impune
ninos de rua

dor
para a flacidez e pragas adulto

pior

terciário
quaternário
parasitismo multifuncional
para chupar com títulos
falso
trabalhar
o resultado

morte para o criativo
humanidade perpétua vendidos

um pecado não será perdoado
um contra o espírito

As meninas são
o sciula

meninas
fazer a sciula

bombas de alegria

abraçar o mundo

Quando você menos espera, neste domingo quente em julho

vestido leve
suar
colar
esculpindo um
o corpo
domina
a mulher
naturalmente de fêmeas

para a beleza tão grande

Deus sorri na Missa
refresco
do mar de pedidos

caminhou desaparece

de repente
ampla decote
bejeweled
geração
amniótico fragrâncias

aparece

arrastando um chocalho na mão

mamãe

esquilos
agarrar
subir para os lados
rodear o pescoço
beijos

pai

navalha
ódio

advogados
tribunais
custódia

família
perde

entrega de armas
aquele que divide
o hino de makefilms
eles também querem o pai

Anarquia cristã

espera
ideológica
assassinado

até
sangue
anarquismo cristão
com a violência
si mesmo
impõe

há milhares de anos
ele

que, mesmo antes do nascimento

todos o investidos

Autoridade da Terra
caçado ele para a pele

por escravidões
humanidade libertada

entrada
em seu reino
oferecido
perfeição sistêmica

guias
deu
para o futuro
celestial
felicidade

Pastores da ecclesia
que você está colocando
vara
endireita estradas

em vez de bater o bode entre os
chifres

confortável
seguido por todo o rebanho
crédito concedido ea presença
seus servos
cortinas de fumaça crença
envoltório
conhecimento descoordenada
conteúdo esvaziado

formalismos secularizado

vedações internas confuso

martírio
o cristão
calvário
reavalia
alongamento dos tempos

teológica treinamento
antitrentina
para construir pastores pseudo-
siracidei
escravizar espíritos
consistir
contudo
atribuições
a perseguir as igrejas

o Lázaros de 2000

fingir
Deus
sobre a estola
bênçãos e maldições smistar
de acordo com o seu
comando

o gerador de toda a liberdade
amar

dobrar
subjugar
para o seu
paixões sombrias

ou

Vá embora
sozinho

sacerdotes e banda
você está fora
exagerado
e
exasperado
não somente
a figueira secou
ele também vai entregar
irá mudar para a espada

pobres
humildes
trabalhadores
comprou uma cerveja
seduzidos por falsos profetas

nada teóricos

boas pessoas
honesto

justos
coloque retomar
na montagem

dialética
relatado
Cristo é o seu
testemunha

lançado
uma ponte
operando

Seja um amigo
com os Senhores do Universo
addolcitene
a solidão

imenso conhecimento
criativos
na parte superior da evolutivo

Tatu

corpos
perfurados
marcados

entregue
o templo

Não amo beijos

chupetas de besta
animais chupando

vencedores
perdedores
contudo
guerreiros terríveis

conflito
infinito

há paz

Discoteca

ar

um casal

vão embora iguais

de mãos dadas
indissolúvel
carvoeira
aura
impenetráveis

intactos

em seus olhos
certeza feliz

grande tristeza
para a maior nem mesmo sexo

imaginar amar

Velho companheiro

Bandeira vermelha será
triunfante

desfiles
comícios
banners
bandeiras
ocupações
grafittis
spray

negros conflitos
guerra urbana
classe na luta

o partido

grandes líderes
massacres

martírios
choque de mundos
economia planificada
para apagar aproveitadores e
suga o sangue

necessidades
miséria
pobreza carimbado
no sonho
homens irmãos

o muro em ruínas

mestres
sem barreiras
globalizados

o pequenos
ao poder
com rosnado

osso em sua boca

silenciosamente
suavemente emaranhado

saciados
burocráticos
rolamento
filtro
baluarte
elementos sistêmicos
sempre geradores

da miséria e da pobreza

esperanças tudo vendem

ão há santo para qual dedicar
a idéia tem tirado até mesmo os

regras absurdas
democraticamente
subscritas

enjaulados

fúria cega
só responder

internacional futura humanidade

Pedi a meu pai

coberto com sinais
Pedi a meu pai

devolvê-los ao remetente
com os interesses

cada palavra minha
ação
virado
opinião
difamação pública

Eu quero sacudir a poeira
recuperar a paz

ele disse
não amaldiçoar
perdoa-lhes;

perdoar as ofensas
não o trabalho
contra a humanidade

estão de volta
sodomia e Gomorra
serão destruídos

abençoe o trabalho
com um gesto
mostrou os frutos

viu minhas cadeias
sorridente
Eu mostrei as peças

Eu ainda sinto o peso
emperrado
tomou-me pela mão

Eu estou andando
Eu posso correr
torturadores
agora apenas multidões de
pessoas
para minha passagem

SCRIBE

intelectual
humanidade sensível
inchaço da cultura
mestres da palavra
comunicação cientistas
scourgers desvio
informação
o risco
coordinar os fatos porque o
tracciar soluções
nada sem o consultor

escrevinhadoresin

primeira linha
sempre
a poderosa lisonjeiro
esconder
justificar
defender
o trabalho
você comer as sobras

queima viciado
não ensinam

esperança perdida
pessoas sem luz
subserviente conhecimento
primeiramente
massacrará

conhecimento
tem apenas um mestre
o bem comum
fazer o seu dever

Nascido livre

antropofagia

Dê-nos a lei
está dentro de você

ninguém respeita
Eu tenho medo
Eu quero um rei

não submeter-se

Eu não posso
para controlar o mau

Rei faz de você um escravo

se você abençoe
estarão sujeitos
mas protegido da fome e da
lâmina

louco

maus hábitos
domina
nenhum demônio pode opprimerti

rei
é sem lei
poder absolutista
arrogância sem fim
seu material

queremos democracia

constituição

quantas mortes
desnecessário
regras indefesas
consenso gerado
para saquear
impune
apenas riu
mestres malignos do campo
caos

Não consigo ajustar a
Eu não sei por onde começar

um ditador
ordem e respeito

fantoche
cabeça para baixo para o pau

Dê-me um rei
nunca vai ser bom

Eu tinha feito livre

você sabe o criminoso
não amá-lo
não reverenciar
Leve-a ao chutar nos dentes

o sábio conhecê-lo
pela força
vai trabalhar para você

quando os selos moral
    sopro de vida
      tornar-se

    automaticamente
       harmonia

Amor supremo

amor supremo
para conhecimento
compartilhadomales
dá

Index